Hallo! Ich bin Anoki.
Für jede Seite, die du fertig hast,
malst du eine Kartoffel aus.

2/3	4	5	6				
7	8	9	10/11				
12/13	14	15	16	17	18	19	
20/21	22	23	24	25	26/27	28	29
30	31	32	33	34	35	36	37
38	39	40/41	42	43	44	45	46

Ein großer Teil der Nutzpflanzen wächst wild, andere werden von Menschen angebaut. Nutzpflanzen werden als Nahrungsmittel, Heilpflanzen oder für Genussmittel verwendet. Den Tieren dienen sie als Nahrung.
Auch für technische Zwecke, zum Beispiel für Biogasanlagen, werden einige Pflanzen angebaut.

- Kennst du diese Nutzpflanzen? Schreibe ihre Namen auf.

Vor vielen tausend Jahren begannen die Menschen, Getreide anzubauen. Sie säten die Samen bestimmter Gräser aus. Sie pflegten die Pflanzen und ernteten die Körner. Daraus stellten sie dann Nahrungsmittel her. Die besten Körner wurden im folgenden Jahr wieder ausgesät. So entstanden nach und nach unsere heutigen Getreidearten. Um eine Getreideart zu erkennen, musst du dir die Pflanze genau anschauen. Manche Pflanzen haben eine Ähre, darin sitzen die Körner dicht nebeneinander am Halm. Andere Arten haben eine Rispe. Die Rispe hat viele Verzweigungen, in denen die einzelnen Getreidekörner sitzen. Manche Getreidearten haben Fäden an der Ähre. Diese Fäden werden Grannen genannt.

- Unterstreiche im Text.

grün: Wann begannen die Menschen, Getreide anzubauen?
blau: Was ist eine Ähre?
gelb: Was ist eine Rispe?
rot: Was sind Grannen?

- Sieh dir die beiden Getreidepflanzen genau an. Wie heißen ihre Pflanzenteile?
  Ordne zu: **Wurzel, Ähre, Blatt, Rispe, Halm, Körner, Grannen.**

Bei uns werden am häufigsten Weizen, Roggen, Gerste, Hafer und Mais angebaut. Zum Getreide gehören aber auch Dinkel und Hirse.

- Wodurch unterscheiden sich die Getreidearten? Markiere.

Weizen hat kurze und dicke Körner, die rundherum angeordnet sind. Die Ähren haben keine Grannen.

Roggen hat längliche, graue Körner. Die Ähren haben Grannen.

Gerste hat dicke und spitze Körner. Die Ähren haben sehr lange Grannen.

Hafer hat lange und dünne Körner. Sie wachsen an Rispen.

Hirse hat sehr viele kleine, runde Körner. Sie wachsen auch an Rispen.

Mais hat große, gelbe Körner. Sie wachsen an einem Kolben und sind von grünen Blättern umhüllt.

Dinkel hat ähnliche Körner wie Weizen. In der Ähre stehen immer zwei gegenüber.

■ Erkennst du diese Getreidearten? Schreibe die Namen unter die Bilder.

Im Sommer werden die reifen Getreidekörner geerntet. Mähdrescher schneiden die Halme der Getreidepflanzen ab. Dann werden die Körner aus den Ähren gedroschen und von der Spreu getrennt. Die Spreu sind die Reste der Samenhüllen, Grannen und Stängelteile.

■ Ordne die Getreidenamen den richtigen Körnern zu. Verbinde.

Mais

Weizen

Roggen

Hafer

- Im Suchsel haben sich 8 Nutzpflanzen versteckt. Markiere sie.

K	A	R	T	O	F	F	E	L	X	R	A	M	L
X	Y	P	B	X	G	U	R	K	E	V	P	X	M
M	L	X	I	V	L	X	P	S	Ü	Y	F	L	Ö
A	O	M	R	M	P	F	L	A	U	M	E	A	H
I	R	U	N	I	M	X	O	P	R	O	L	X	R
S	E	O	E	R	O	G	G	E	N	X	P	R	E

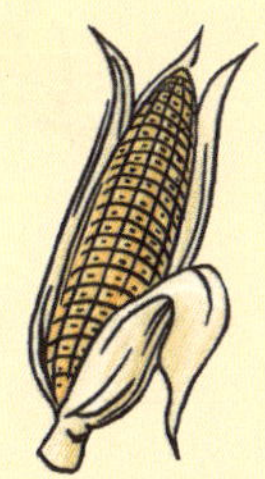

Der Weizen ist das Getreide, das am häufigsten angebaut wird. Früher konnten sich nur die reichen Leute das helle Brot aus Weizenmehl kaufen.
Das Roggenmehl ist dunkel und kräftig. Es enthält viele wertvolle Vitamine.
Die Gerste wurde schon im alten Ägypten angebaut. Sie ist sehr gesund und wird oft als Heilkost verwendet. Man braucht sie auch für die Bierherstellung.

- Was erfährst du in den Texten über die Nutzung der Getreidearten? Markiere.
  Wie heißen diese Getreidearten? Beschrifte.

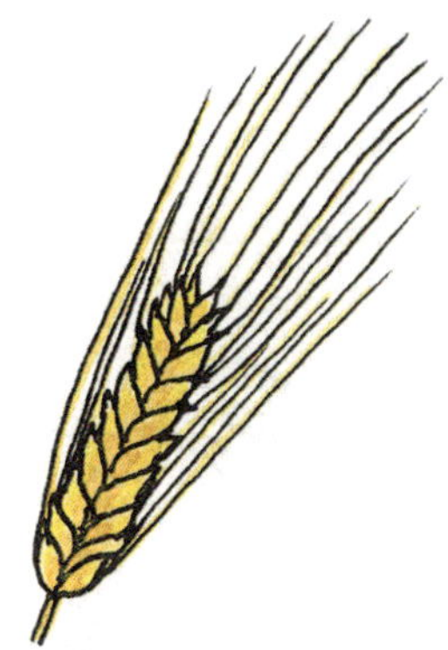

Aus Haferkörnern werden Haferflocken hergestellt. Sie sind sehr bekömmlich. Hafer ist aber auch ein sehr gutes Tierfutter.
Hirse ist in Afrika das Hauptnahrungsmittel. Schon lange wird aus Hirsemehl Fladenbrot hergestellt.
Maiskörner wachsen in dicken Kolben. In Lateinamerika und Afrika wird besonders viel Mais angebaut. Zuerst wurde Mais von den amerikanischen Ureinwohnern gezüchtet und kam dann nach Europa. Hier dient er vor allem als Viehfutter.

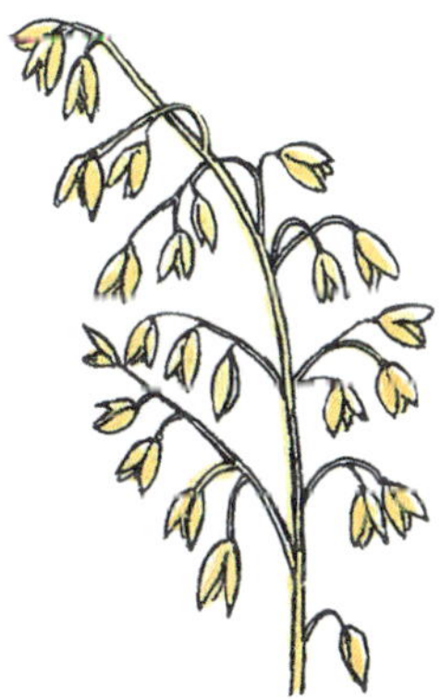

Getreide ist Bestandteil vieler Nahrungsmittel.

- Finde heraus, was aus den einzelnen Getreidearten hergestellt wird. Kreise farbig ein.

Roggen

Weizen

Mais

Gerste

Hafer

Hirse

Reis ist eine der ältesten Kulturpflanzen der Welt. Für etwa die Hälfte der Weltbevölkerung vor allem in asiatischen Ländern ist Reis das Grundnahrungsmittel. Reis benötigt zum Anbau sehr warme Temperaturen und genügend Wasser. Die Reisfelder werden meist unter Wasser gesetzt und die Reispflanzen eingepflanzt. Sie werden je nach Sorte 50 bis 160 cm hoch und haben lange Rispen.
In vielen Anbaugebieten sind mehrere Reisernten pro Jahr möglich.

- Was erfährst du über diese Getreideart? Fülle den Steckbrief aus.

Getreide

Steckbrief

Name: ______________________

Aussehen: ______________________

____

Anbaugebiet: ______________________

____

Interessantes: ______________________

____

____

■ Löse das Rätsel.

		1		G				
			2	E				
3				T				
4				R				
5				E				
		6		I				
	7			D				
		8		E				

1. Welches Getreide hat graue Körner?
2. Welches Getreide hat keine Grannen?
3. Welches Getreide braucht man zur Bierherstellung?
4. Welches Getreide ist ein sehr gutes Tierfutter?
5. Aus welchem Getreide besteht Fladenbrot?
6. Welches Getreide wächst an Kolben?
7. Wo werden Getreidekörner ausgesät?
8. Nicht nur für Menschen ist Getreide wichtig, sondern auch für ...?

- Finde 10 Unterschiede. Kreise ein.

Wenn das Getreide auf den Feldern reif ist, kann der Bauer mit der Ernte beginnen. Früher war das eine sehr schwere Arbeit.

- Lies den Text und ergänze die fehlenden Wörter:
  Säcke, Feld, gereinigt, Garben, Körner, Sense, Getreide, Ähren, geladen.

Wenn im Sommer das ____________ reif war, wurden die Ähren mit der ____________ gemäht und in Bündeln, den ____________ , zusammengebunden. Diese wurden dann mit den ____________ nach oben zum Trocknen auf dem ____________ aufgestellt. Später wurden sie dann auf dem Pferdewagen ____________ und in die Scheune gebracht. Mit einem Dreschflegel musste nun der Bauer die ____________ aus den Ähren dreschen. Erst wenn die Körner von der Spreu getrennt und ____________ waren, konnten die Körner in ____________ gefüllt und zur Mühle gebracht werden.

Heute geht die Getreideernte viel leichter. Die Bauern haben moderne Maschinen, die ihnen die schwere Arbeit abnehmen.

■ Bringe die Sätze in die richtige Reihenfolge. Nummeriere.

	In der Maschine werden die Körner aus den Ähren gedroschen, von der Spreu getrennt und in einem Tank gesammelt.
	Das Stroh wird auf dem Feld abgelegt.
	Mit Mähdreschern werden viele Arbeitsschritte erledigt.
	Der Mähdrescher leert den Körnertank über ein Rohr auf einen Anhänger aus.
1	Das Getreide ist goldgelb und kann geerntet werden.
	Später werden daraus Strohballen gepresst.
	Traktoren oder Lastwagen bringen die Getreidekörner in die Mühle.
	Zuerst mäht der Mähdrescher die Getreidehalme ab.

- Wie wird aus Korn Mehl und aus Mehl Brot? Schreibe einen Sachtext. Achte auf die richtige Reihenfolge. Die Stichpunkte helfen dir: **Getreidemühle, Korn zu Mehl, Feld, Getreide mähen und dreschen, Getreidekörner zur Mühle**

Brot formen, Brot backen, Teig kneten und abwiegen

Warum ist Vollkornbrot gesund?

In der Steinzeit mussten die Menschen Getreidekörner sehr mühsam zwischen zwei Steinen zerreiben, um Mehl zu bekommen. Später benutzten die Ägypter schon Mörser und Stößel. Im alten Rom gab es dann die Drehmühle. Sklaven oder Tiere drehten das Mahlwerk. Doch dann fanden die Menschen heraus, dass Wasser und Wind Mühlräder antreiben können.
Sie bauten Wassermühlen und Windmühlen. Heute treibt man die Mühlen mit Elektromotoren an.

- Wie kann Getreide gemahlen werden? Notiere die Mühlenarten.

Test 1, S. 45

- Welche 15 Backwaren haben sich im Suchsel versteckt? Markiere.

K	X	V	O	L	L	K	O	R	N	B	R	O	T	L	K	H	O	M	Y
Ä	B	N	R	S	S	C	P	X	Ö	Q	Z	S	O	R	N	E	H	X	K
S	R	E	V	M	N	X	U	P	W	V	W	C	A	T	Ä	F	Ö	Y	I
E	E	M	Z	L	E	P	Ü	L	L	O	I	Q	S	D	C	E	R	R	R
S	Z	L	I	B	X	Y	Z	Ä	X	T	E	V	T	C	K	Z	N	L	S
T	E	B	A	G	U	E	T	T	E	C	B	O	B	Q	E	O	C	Q	C
A	L	X	G	Q	V	L	S	Z	R	R	A	R	R	X	B	P	H	X	H
N	Y	B	R	Y	G	M	P	C	Y	X	C	X	O	K	R	F	E	P	T
G	V	L	B	R	Ö	T	C	H	E	N	K	Ö	T	S	O	Y	N	Z	O
E	N	U	S	S	E	C	K	E	V	L	Q	D	A	M	T	W	Q	X	R
R	W	X	A	G	L	R	X	N	Y	Z	B	E	R	L	I	N	E	R	T
A	P	F	E	L	K	U	C	H	E	N	W	M	Z	S	Ü	P	R	T	E

Die Kartoffel stammt aus Südamerika. Schon die amerikanischen Ureinwohner haben sie dort angebaut. Vor etwa 450 Jahren brachten Seefahrer sie dann nach Europa. Von Spanien über Frankreich und Italien kam die Kartoffel nach Deutschland. Zuerst pflanzten die Menschen sie wegen ihrer schönen Blüten an. Sie probierten zuerst die grünen Beeren und bekamen schlimme Bauchschmerzen. Die Menschen wussten nicht, dass die Beeren giftig sind. König Friedrich von Preußen erkannte den Nutzen der Kartoffel. Viele Menschen konnten durch die Knollen satt werden. Doch die Leute trauten ihrem König nicht. Also ließ er seine Kartoffelfelder von Soldaten bewachen. Die Bauern wurden neugierig und gruben heimlich einige Pflanzen aus und pflanzten sie auf ihren Feldern an. So erreichte der König doch, dass nun Kartoffeln in seinem Land von den Bauern angebaut wurden.

- Unterstreiche im Text:

grün: Woher stammt die Kartoffel?
blau: Wer brachte sie nach Europa?
rot: Weshalb bekamen die Menschen Bauchschmerzen?
gelb: Wie erreichte der König, dass die Bauern die Kartoffeln anbauten?

■ Wie heißen die Teile der Kartoffelpflanze? Verbinde.

Beeren	Blüten
Blätter	Knollen
Stängel	Wurzeln

Mutterknolle

Wie entwickelt sich die Kartoffel? Ordne die Texte dem richtigen Bild zu. Verbinde.

Einige Triebe wachsen aus der Erde zu einer Staude.	Im Frühjahr wird eine keimende Kartoffel in die Erde gelegt.	In wenigen Wochen wachsen kleine Triebe aus der Kartoffel.

Im Herbst verdorrt die Pflanze. Die Knollen unter der Erde können nun geerntet werden.

Die Pflanze wird schnell größer. Die alte Kartoffel schrumpft und an den Trieben bilden sich neue Knollen.

Im Sommer blüht die Pflanze. Aus den Blüten entwickeln sich grüne, giftige Beeren.

■ Wie wurden die Kartoffeln früher geerntet und wie geschieht das heute? Ergänze den Text mit folgenden Wörtern: **Körbe, Sortiermaschine, Bauern, mühsam, Kartoffeln, Maschinen, Erde, Säcke, Größe.**

Früher mussten die ____________________ mit Grabegabeln aus der

_________________ herausgehoben werden. Danach wurden sie aufgelesen

und in __________________ und ___________________ gefüllt. Diese Arbeit war

sehr _____________________. Kinder und arme Leute halfen den ____________________.

Heute werden die Kartoffeln mit _____________________ geerntet. Kartoffelvollernte-

maschinen heben die Knollen heraus und trennen sie von Erde und Steinen. Eine

________________________________ sortiert die Kartoffeln nach der ___________________.

Dann werden sie in Säcke gefüllt.

Kartoffel

Kartoffelkäfer sind kleine Tiere von 10 bis 12 mm Länge. Sie fressen die Blätter der Kartoffelpflanze. Daher haben sie auch ihren Namen. Kartoffelkäfer vermehren sich schnell. Sie können in kurzer Zeit das Laub eines ganzen Kartoffelfeldes abfressen. Die Pflanzen sterben ab und es können sich keine Knollen bilden. Kartoffelkäfer gehören zu den gefürchtetsten Schädlingen. Man erkennt sie an ihren 10 dunklen Längsstreifen auf den Flügeln.

- Fertige einen Steckbrief vom Kartoffelkäfer an.

Steckbrief

Name: ______________________

Aussehen: ______________________

____

Nahrung: ______________________

Interessantes: ______________________

- Was kann man alles aus Kartoffeln zubereiten? Schreibe auf.

- Der Kartoffelkäfer will zu der Kartoffelpflanze.
  Wie kommt er dort hin?

Gemüse ist für unsere Ernährung sehr wichtig. Es ist gesund und enthält viele Vitamine. Die verschiedenen Gemüsesorten werden meist im Frühjahr angebaut und im Sommer und Herbst geerntet.

- Kennst du das Gemüse? Beschrifte die Bilder.

Von den Gemüsepflanzen können wir die Blätter, Stängel, Früchte, Samen oder Wurzeln essen.

- Schneide die Bilder von Seite 47 aus. Ordne zu und klebe ein.

Wurzel	Blätter	Frucht	Stängel	Samen

Gemüse wächst bei uns nicht das ganze Jahr. Im Garten und auf dem Feld wird es meist von Mai bis zum ersten Frost im Oktober oder November geerntet. Da wir aber auch in der anderen Zeit Gemüse essen wollen, wird es auf unterschiedliche Weise haltbar gemacht:

Lagern	Einfrieren	Einkochen	Trocknen	Einlegen

- Kreise richtig ein.

- Schreibe einen Sachtext darüber, wie Gemüse haltbar gemacht wird. Nutze die Bilder von Seite 34. Überlege dir eine Überschrift. Du kannst dir auch zuerst Stichpunkte aufschreiben.

■ Wie entwickelt sich eine Bohne? Schreibe zu jedem Bild einen Satz.

In jeder Zeile und Reihe darf jedes Zeichen nur einmal vorkommen.

Essbare Früchte oder Samen, die von Bäumen, Sträuchern oder Stauden stammen, nennt man Obst. Es ist für unsere Ernährung sehr wichtig, weil es viele Vitamine enthält. Wir können fast alle Obstsorten roh essen. Manche Obstsorten wachsen nicht bei uns. Sie brauchen ein anderes Klima oder einen anderen Boden.

- Male in den Korb Obst, das du gut kennst.

■ Kennst du das Obst? Beschrifte die Bilder.

■ Diese Gruppen von Obstsorten unterscheiden wir. Schneide die Bilder von Seite 47 aus und klebe sie richtig ein. Male noch weitere Beispiele dazu.

Kernobst Das Obst hat ein Kerngehäuse.	**Steinobst** Das Obst hat einen Kern in der Mitte.

Beerenobst
Das Obst ist klein und rundlich.
Das Fruchtfleisch ist weich.

Schalenobst
Das Obst hat eine harte,
holzige Schale.

Test 2, S. 46

Im Frühling werden die Knospen an den Obstbäumen immer dicker. Wenn es warm genug ist, springen sie auf und es entfalten sich Blüten. Diese locken durch ihre Farbe und ihren Duft viele Insekten, wie zum Beispiel Honigbienen an. Sie fliegen von Blüte zu Blüte und saugen den Nektar auf. An ihren Beinen bleibt dabei der Blütenpollen hängen. Diese Pollen werden auf die nächste Blüte getragen und so werden die Blüten befruchtet. Nun können Früchte entstehen.

- Unterstreiche im Text:

grün: Was passiert im Frühling?
blau: Wie werden die Insekten an die Blüten gelockt?
gelb: Was tun die Bienen?
rot: Wie entstehen Früchte?

Wie entwickelt sich eine Kirsche? Schreibe.

■ Zähle die Äpfel ______, Gemüsesorten ______, Nüsse ______ und Beeren ______.

1 Wie heißen diese Getreidearten?

4 ______ ______ ______ ______

2 Nenne 6 Produkte, die man aus Getreide herstellen kann.

______ ______ ______

______

6 ______

10 ☺ ☺ 😐 ☹ ______

1 Welche Teile der Gemüsepflanzen kannst du essen? Fülle die Tabelle aus.
Ergänze zwei weitere Gemüsesorten.

Gemüse	**Das kann man davon essen**
Tomate	
Radieschen	

☐ / 6

2 Nenne zu jeder Obstart ein Beispiel.

Obstsorte	**Beispiel**
Kernobst	
Steinobst	
Beerenobst	
Schalenobst	

☐ / 4

☐ / 10 ☺ ☺ 😐 ☹ ______

▶ zu Seite 33

▶ zu Seite 40/41